BEI GRIN MACHT SICH IHR WISSEN BEZAHLT

- Wir veröffentlichen Ihre Hausarbeit, Bachelor- und Masterarbeit

- Ihr eigenes eBook und Buch - weltweit in allen wichtigen Shops

- Verdienen Sie an jedem Verkauf

Jetzt bei www.GRIN.com hochladen
und kostenlos publizieren

Entscheidungsfreiheit im Computerspiel. Traumatisierende Entscheidungssituationen in "Game of Thrones: A Telltale Game Series"

Maximilian Pössinger

Bibliografische Information der Deutschen Nationalbibliothek:

Die Deutsche Nationalbibliothek verzeichnet diese Publikation in der Deutschen Nationalbibliografie; detaillierte bibliografische Daten sind im Internet über http://dnb.d-nb.de abrufbar.

ISBN: 9783346391650
Dieses Buch ist auch als E-Book erhältlich.

Das Buch bei GRIN: https://www.grin.com/document/1005134

Ludwig-Maximilians-Universität München

Fakultät für Sprach- und Literaturwissenschaften

Department I – Germanistik, Komparatistik, Nordistik, Deutsch als Fremdsprache

Seminararbeit

Seminar: Computerspiel-Philologie

Sommersemester 2017

Entscheidungsfreiheit und ihre Grenzen im Computerspiel am Beispiel von *Game of Thrones: A Telltale Game Series*

Maximilian Pössinger

Inhaltsverzeichnis

1. Einleitung

Das Computerspiel als Medium hat im Verhältnis zum klassischen Roman oder Film den Vorteil, dass der Rezipient hier kein rein passiver Konsument ist. Indem er mit der Handlungswelt und ihren Figuren aktiv interagiert, kann der Spieler selbst ein Teil des Geschehens werden und tief in die fiktive Welt eintauchen. Das Interagieren macht „die Faszination des Mediums"[1] aus und es ist „die Eigenschaft, die es am stärksten von anderen Medien abhebt."[2] Oftmals ist der Spielende sogar in der Lage, durch eigene Entscheidungen Einfluss auf die Narration auszuüben. Besonders stark entfaltet sich die spielerische Gestaltungsmacht in solchen Computerspielen, in denen die Entscheidungssituation als zentrales Element in den Fokus gerückt wird. Dies trifft zum Beispiel auf viele Spiele des Entwicklerstudios *Telltale Games* zu, die Teile einer Entwicklung von Computerspielen sind, die als Decision Turn[3] bezeichnet werden kann. Diese Entwicklung meint u.a. eine fortschreitende Tendenz vieler Computerspiele, Entscheidungen mehr und mehr in den Vordergrund zu rücken und in ihrer Komplexität und Reichweite aufzuwerten.[4] Das Entwicklerstudio *Telltale Games* steht wohl wie kein anderes für diese Art von Spielen, sodass sogar von „telltale-like"[5] gesprochen werden kann, wenn ein Spiel für eine Art ludisch-narrative Harmonie[6] sorgt, indem es den Akt des Entscheidens als essenziellen Teil der Spielmechanik integriert.

Nachdem *Telltale Games* bereits im Jahre 2012 mit *The Walking Dead*[7] ein populäres Franchise als Spiel umgesetzt hatte, erschien mit *Game of Thrones*[8] zwischen 2014 und 2015 erneut eine Serienadaption, aufgeteilt in sechs Episoden. Wie *The Walking Dead* stellt auch *GOT*[9] die Entscheidungssituation in den Vordergrund, worauf bereits im Prolog „telltale-üblich" hingewiesen wird: „This game series adapts to the choices

---

[1] Backe, Hans-Joachim: Strukturen und Funktionen des Erzählens im Computerspiel. Eine typologische Einführung, Würzburg 2008, S. 105.
[2] Ebenda.
[3] Unterhuber, Tobias/Schellong, Marcel: Wovon wir sprechen, wenn wir vom Decision Turn sprechen, in: Redaktion PAIDIA (Hrsg.): „I'll remember this". Funktion, Inszenierung und Wandel von Entscheidung im Computerspiel, Glückstadt 2016.
[4] Vgl. Ebenda, S.19.
[5] Ebenda.
[6] Vgl. Ebenda, S. 21.
[7] Telltale Games: The Walking Dead. A Telltale Game Series, 2012.
[8] Telltale Games: Game of Thrones. A Telltale Game Series, 2014.
[9] Mit GOT (Abkürzung von Game of Thrones) ist im Folgenden stets das Computerspiel des Telltale Games-Entwicklerstudios gemeint, nicht die gleichnamige TV-Serie.

you make. The story is tailored by how you play."[10] Inwieweit dieses Versprechen tatsächlich eingehalten werden kann, ist eine der Fragen, die im Zuge dieser Arbeit erörtert werden soll. Denn gerade *GOT* wird häufig vorgeworfen, Entscheidungsfreiheit eben nur „vorzugaukeln", wie ein Redakteur des Spiele-Magazins *Gamestar* es ausdrückt. Der Spieler habe im Endeffekt nicht mehr zu entscheiden als „ein einfacher Stallbursche".[11]

Ob im Fall von *GOT* tatsächlich von einer vorgetäuschten bzw. fingierten Entscheidungsfreiheit gesprochen werden kann, soll im ersten Punkt der Arbeit auf den Grund gegangen werden. Die Frage, mit welchen Methoden dem Spieler eine Entscheidungsfreiheit suggeriert wird, soll dabei im Fokus stehen. Auch mögliche Gründe der Entwickler, dem Spieler keine uneingeschränkte Gestaltungsmacht über die Handlung zu gewähren, sind aufzuzählen.

Diese letzte Frage schließt gleichzeitig an den zweiten Teil der Arbeit an, der sich mit dem Thema beschäftigt, inwieweit die Entscheidungssituationen in *GOT* so konstruiert sind, dass sie auf den Spieler letztlich vor allem frustrierend oder gar traumatisierend wirken bzw. wirken sollen. Nicht zu vergessen ist nämlich, dass das Spiel die Adaption einer Buch[12]- und TV-Serie[13] ist, und als solche versucht, dem Erzählstil der Vorlage zu entsprechen.

Als wichtigste Grundlage für die vorliegende Arbeit dient die vollständige Windows-Version des Spiels, das auch für die Plattformen Xbox 360, Xbox One, Playstation 3, Playstation 4, Android, iOS und macOS erschienen ist. Einen geeigneten Einstieg in das Thema der Erzählstruktur im Computerspiel bietet Hans-Joachim Backes typologische Einführung, die ausführlich auf zahlreiche Aspekte des Erzählens im Computerspiel eingeht, mit denen sich die Forschung beschäftigt. Das Thema Entscheidungen wird in diesem Werk jedoch zumindest nicht explizit behandelt. Anders im von der Redaktion PAIDIA herausgegebenen Sammelband „I'll remember this"[14], dessen Beiträge Entscheidungen im Computerspiel aus sehr unterschiedlichen

---

[10] GOT, Prolog.

[11] Redinger, Jochen: Game of Thrones: A Telltale Game Series im Test – Ende schlecht, alles schlecht?, in: Gamestar, 2014. http://www.gamestar.de/artikel/game-of-thrones-a-telltale-games-series-ende-schlecht-alles-schlecht,3239490.html [13.09.2017]

[12] Martin, George R.R.: A Song of Ice and Fire. Includes A Game of Thrones (1996), A Clash of Kings (1999), A Storm of Swords (2000), A Feast for Crows (2005), A Dance with Dragons (2011), New York 2012.

[13] HBO: Game of Thrones, 2011-2017.

[14] Redaktion PAIDIA (Hrsg.): „I'll remember this". Funktion, Inszenierung und Wandel von Entscheidung im Computerspiel, Glückstadt 2016.

Blickwinkeln beleuchten. Insbesondere Martin Hennigs Gedanken, der u.a. *GOT* exemplarisch untersucht, und Julian Reidys Beschäftigung mit Entscheidungssituationen als ermächtigende und doch zugleich verstörende Elemente des Computerspiels[15], fließen in diese Arbeit mit ein.

Im Folgenden soll zunächst die bereits zitierte These des *Gamestar*-Redakteurs, *GOT* gaukle Entscheidungsfreiheit nur vor, auf ihre Richtigkeit hin überprüft werden.

2. Entscheidungsfreiheit in *Game of Thrones: A Telltale Game Series*: Eine reine Illusion?

Anders als z.B. bei *The Walking Dead* lässt *Telltale Games* den Spieler in *GOT* in die Haut mehrerer Protagonisten schlüpfen, die allesamt Teil des Hauses Forrester sind, ein kleineres Herrschergeschlecht, das den aus der Vorlage bekannten Starks treu ergeben ist. In der Haut des Knappen Gared findet man sich am Beginn der ersten Episode sogleich am Rande eines Szenarios wieder, das jedem Leser oder Zuseher der Vorlage als „Red Wedding" bekannt ist, im Zuge derer die Mitglieder des Hauses Stark und seine Anhänger hinterrücks ermordet werden. Das Vorwissen aus der Vorlage beschwört eine bedrohliche Atmosphäre herauf, wodurch die Entscheidungen, die man für den Knappen Gared zu treffen hat, an Gewicht und Brisanz zu gewinnen scheinen. Die Entscheidungsfreiheit beschränkt sich zunächst jedoch auf mehrere frei auswählbare Dialogoptionen, welche hier zwar unmittelbare Auswirkungen auf den von Spielfiguren gesprochenen Text, in keiner Weise aber auf den Verlauf der Handlung haben. Das Spiel suggeriert dem Spielenden jedoch von Anfang an, dass auch die Dialogoptionen, für die man sich entscheidet, eine Art Konsequenz nach sich ziehen werden. So zum Beispiel durch den am oberen Bildschirmrand erscheinenden Hinweis „He will remember this"[16] nachdem man sich für eine bestimmte Äußerung entschieden hat. Das Spiel kann mit solchen Methoden das Gefühl im Spieler wecken, dass jedes seiner gewählten Worte Gewicht hat und Konsequenzen oder Sanktionen in einer noch nicht auszumachenden Zukunft folgen werden. Insbesondere der episodische Charakter des Spiels ermöglicht es, Konsequenzen immer weiter in die

---

[15] Vgl. Reidy, Julian: „There are so many choices!" Zur Entscheidungssituation im Computerspiel, in: PAIDIA (Hrsg.): „I'll remember this". Funktion, Inszenierung und Wandel von Entscheidung im Computerspiel, Glückstadt 2016, S. 285.
[16] Game of Thrones. A Telltale Game Series, Prolog.

Zukunft zu projizieren, da der Spieler unmöglich voraussehen kann, ob bestimmte kleinere Handlungen in späteren Episoden nicht doch noch eine Rolle spielen werden. Dieses gezielte Hinauszögern von Konsequenzen kann man als „prolongierte Kausalität"[17] bezeichnen. Im Spieler kann sich als Folge daraus durchaus ein Gefühl von absoluter Handlungsmacht aufdrängen, das bis zum Ende des Spiels Bestand haben kann. Wenn eine Projektion von Konsequenzen in die Zukunft allerdingst nicht gelingt, kann das Motiv der Bedeutsamkeit von Entscheidungen in *GOT* als Illusion enttarnt werden. Ein Beispiel dafür ist die letzte Sequenz des Prologs, in der Gared seinem Herren Gregor Forrester verspricht, eine Nachricht zu übermitteln. Es erscheint der im Spiel häufig eingesetzte Hinweis, dass sich Gregor an dieses Versprechen erinnern wird, doch nur wenige Sekunden darauf stirbt er.[18] Das Stilmittel der suggerierten Konsequenz wird hier ad Absurdum geführt, da dem Spielenden bewusst wird, dass es keine Rolle für den weiteren Verlauf gespielt hat, welche Worte man dem todgeweihten Gregor mit auf den Weg gegeben hat, und dieser sich im Jenseits wohl kaum an das Gesagte erinnern wird.

An einer anderen Stelle im Prolog muss sich der Spieler entscheiden, ob Gared seinen Knappengefährten Bowen vor den sich zum Kampf rüstenden Freys retten oder stattdessen lieber zurück zum Lager der Forresters gehen soll, um die Anderen zu warnen. Der Spieler verfügt hier zum ersten Mal tatsächlich über die Möglichkeit, nicht nur auf den unmittelbaren Handlungskontext Einfluss zu nehmen, sondern auch auf Ereignisse in späteren Episoden, wenn auch in sehr geringem Maße. Entscheidet man sich nämlich für die Rettung Bowens, tritt dieser während einer Schlacht in der letzten Episode des Spiels erneut als Randfigur auf, ohne jedoch die Handlung maßgeblich zu beeinflussen.[19] Doch selbst solch kleine Einflussmöglichkeiten des Spielers auf die Figurenkonstellation entkräften bereits den Vorwurf einer vollkommenen Illusion von Entscheidungsfreiheit in *GOT*. Wenn man sich als Spieler etwa in Episode 1 dafür entscheidet, Bandagen einzusammeln, und diese Gared in Episode 4 dabei helfen, die Wunden seines Freundes Cotter zu versorgen, ist dies gewiss keine Entscheidung, die den zentralen Konflikt der Handlung voranbringt, dafür aber den Handlungskontext

---

[17] Ascher, Franziska: Preis der Neutralität. Die Witcher-Reihe als Seismograf des Decision Turns, in: PAIDIA (Hrsg.): „I'll remember this". Funktion, Inszenierung und Wandel von Entscheidung im Computerspiel, Glückstadt 2016, S.46.
[18] GOT, Prolog.
[19] Vgl. GOT, Episode 6.

verändert, in dem der von den Entwicklern mehr oder weniger lineare Pfad des Hauptkonflikts stattfindet.

Dass es vorgegebene Handlungspfade gibt, die sich der Gestaltungsfreiheit des Spielers entziehen, wird im Grunde erst dann deutlich, wenn man bestimmte Episoden (oder zumindest Teile davon) mehrfach spielt und von früheren Spielständen abweichende Dialog- und Handlungsoptionen wählt. So wird der junge Ethan beispielsweise am Ende der ersten Episode in jedem Fall von Ramsay Bolton erstochen, egal ob man sich ihm gegenüber auflehnend oder kriecherisch verhält. Mira Forrester indes endet als Gefangene im Kerker, ganz gleich wie geschickt oder ungeschickt man zuvor in King's Landing intrigiert hat. Und am Ende verliert das leidgeprüfte Haus Forrester unter enormen Verlusten seine Heimat Ironrath, unabhängig davon welche Anstrengungen man als Spieler zuvor unternommen hat, um genau das zu verhindern. Es gibt zahlreiche Beispiele solcher vorgeschriebener Knotenpunkte der Handlung, doch keiner davon wird vom Spielenden als eindeutig vorgeschrieben erkannt, solange er eine Episode nicht mehrfach spielt, und dabei erkennt, dass unterschiedliche Entscheidungen letztlich zu oft identischen Resultaten führen. Darauf ist das Spiel jedoch in erster Linie nicht ausgelegt, denn das Zurücknehmen von Entscheidungen wird dadurch erschwert, dass man nicht zu einzelnen Entscheidungssituationen „zurückspulen" kann, sondern ganze Szenen, in Extremfällen sogar das gesamte Spiel von vorn beginnen muss, um möglicherweise anders verlaufende Konsequenzen durch veränderte Entscheidungen beobachten zu können.[20]

Gäbe es eine uneingeschränkte Gestaltungsmacht des Spielers auf die Handlung, müsste zudem jede noch so unbedeutend erscheinende Entscheidung, Handlung oder Dialogoption konsequenterweise kleinere oder größere Auswirkungen auf das weitere Geschehen nach sich ziehen. Die Handlungspfade würden sich im Sinne eines „Butterfly-Effects" zu immer zahlreicher und immer komplexer verschlungenen Nebenpfaden potenzieren, sodass am Ende unendlich viele verschiedene Resultate entstünden und kein Handlungsausgang dem anderen gleichen würde. Dies würde jedoch einen unmöglich zu bewerkstelligenden Entwicklungsaufwand bedeuten, denn jeder einzelne alternative Handlungspfad müsste in das Spiel implementiert werden. Ein Spiel, das dem Spieler vollkommene Gestaltungsmacht über die Handlung

---

[20] Vgl. Hennig, S.162.

gewährt, ist also allein schon aus technologischer und ökonomischer Sicht unrealistisch. Den Entwicklern bleibt nichts anderes übrig als einen Kompromiss zu finden, der einerseits eine größtmögliche Entscheidungsfreiheit des Spielers gewährleistet und andererseits mit den vorhandenen technischen und finanziellen Mitteln vereinbar ist. Auch die für die Spielentwicklung verfügbare Zeit ist ein entscheidender Faktor.

Da die Entscheidungsfreiheit des Spielers aber als zentrales Element von *GOT* und anderen Spielen des Entwicklerstudios hervorsticht, bemühen sich Spiele wie *GOT*, dem Spieler zu suggerieren, den Handlungsverlauf nachhaltiger beeinflussen zu können als dies tatsächlich der Fall ist.

Eine weitere Methode, um beim Spieler den Eindruck maximaler Entscheidungsgewalt entstehen zu lassen, ist schließlich die Statistik am Ende jeder Episode, die die getroffenen Entscheidungen eines Spielers mithilfe prozentualer Werte mit denen anderer Spieler vergleicht. Dadurch wird dem Spieler erstens eindringlich aufgezeigt, dass er sich in den aufgezählten Situationen jeweils auch anders hätte entscheiden können und zweitens wird der Spieler implizit dazu aufgerufen, seine Entscheidungen zu hinterfragen oder sich mit ihnen zu identifizieren. Entscheidungen in Computer-spielen können den Spieler in einen moralischen Zwiespalt mit seiner und der in den Werten ausgedrückten Meinung anderer versetzen oder ihm gar etwas über sein innerstes Wesen verraten, wodurch er sich von der Auffassung vieler anderer abhebt.

Die vielleicht am dramatischten inszenierte Entscheidungssituation des Spiels befindet sich am Ende der fünften Episode, als der Spieler sich dazu entscheiden muss, einen von zwei Protagonisten zu retten, den anderen dem Tod zu überlassen. Dabei handelt es sich um die Brüder Asher und Rodrik Forrester, die man als Schlüsselfiguren in den vorherigen Episoden gesteuert hatte. Anhand dieser Entscheidungssituation lässt sich exemplarisch aufzeigen, wie *GOT* das Stilmittel der Entscheidung nutzt. Durch die Entscheidung wählt man den Hauptprotagonisten für die sechste und letzte Episode, und je nach Wahl ergeben sich unterschiedliche Dialogabläufe. Überlebt Asher, muss man als heimkehrender Zweitgeborener zunächst die um Rodrik trauernden Forresters davon überzeugen, als legitimer Lord des Hauses über die Anderen zu herrschen. Entscheidet man sich hingegen für Rodrik, sind es vor allem Beshka und die kleine Söldnerarmee, die Asher aus Essos mit nach Ironrath gebracht hat, die man überzeugen muss, für die Sache der Forresters einzutreten. Es ergeben sich also, die

Dialogstruktur betreffend, zunächst zwei stark voneinander abweichende Handlungsstränge. Sobald es aber daran geht, sich auf die Schlacht gegen die Whitehills vorzubereiten, münden Rodriks und Ashers Alternativpfade erneut in einen einzigen Pfad, auf dem beide Protagonisten eins zu eins austauschbar sind und die gleichen Funktionen übernehmen. Haus Forrester ist mit beiden Charakteren dem Untergang geweiht, Asher bzw. Rodrik jedoch kann aus dem Schlachtgetümmel gerettet werden und überlebt schwerverletzt als die personifizierte letzte Hoffnung des Hauses Forrester.[21]

An diesem Beispiel zeigt sich, dass die Entscheidungsfreiheit des Spielers, auf die Handlung und die Figurenkonstellation Einfluss zu nehmen, durchaus vorhanden, jedoch auf ein bestimmtes Maß reduziert worden ist. Auf die linear festgelegten Fixpunkte der Handlung hat der Spieler keinen Einfluss, und dass es solche Fixpunkte allein schon aus Gründen des Entwicklungsaufwands geben muss, wurde in dieser Arbeit bereits erörtert. Der Spieler kann durchaus „beeinflussen unter welchem Vorzeichen die Dinge geschehen"[22]. Den katastrophalen Niedergang fast aller Protagonisten kann der Spieler indes nicht vermeiden, egal wie sehr er sich bemüht.

Doch inwieweit die Machtlosigkeit des Spielers nicht schlicht als fehlende Entscheidungsfreiheit zu kritisieren ist, die allein dem zu hohen Entwicklungsaufwand geschuldet wäre, sondern zum Teil auch als gezielt eingesetztes Motiv hervorzuheben ist, das den Erzählstil des Computerspiels an den Stil der Vorlage anpasst, soll im folgenden zweiten Punkt der Arbeit erörtert werden.

---

[21] Vgl. GOT, Episode 6.
[22] Ascher, Franzsika: Der Drache hat drei Köpfe. Das GOT-Narrativ und sein Wechsel ins Computerspiel, in: May, Markus/Baumann, Michael/Baumgartner, Robert/Eder, Tobias (Hrsg.): Die Welt von „Game of Thrones". Kulturwissenschaftliche Perspektiven auf George R.R. Martins „A Song of Ice and Fire", Bielefeld 2016, S.350.

3. „Die Qual der Wahl" – Traumatisierende Entscheidungs-situationen im Geiste der Buch- und TV-Vorlage

George R.R. Martins *Das Lied von Eis und Feuer,* auf dessen Begebenheiten die ersten vier Staffeln der TV-Serie *Game of Thrones* und das gleichnamige Computerspiel des Entwicklerstudio *Telltale Games* beruhen, ist für seinen im Fantasy-Genre unüblichen, schonungslosen Realismus bekannt. Dieser äußert sich zum Beispiel in den unnachgiebigen, aber nicht effekthascherischen Gewalt-darstellungen. Im Besonderen herrscht in ASOIAF aber auch ein Realismus auf Figurenebene, der bewirkt, dass man als Leser das Gefühl hat, dass keiner der Protagonisten allein aufgrund seines Status als handlungstragender Charakter vor konsequenten Sanktionen, die sogar den Tod der Figur bedeuten können, geschützt ist. So muss etwa Eddard Stark, der Hauptprotagonist des ersten Bandes, für seine Fehler in King's Landing mit seinem Tod bezahlen. Diese Fehler bestehen vor allem darin, stets das in seinen Augen Richtige und Ehrenvolle tun zu wollen, statt sich auf die Regeln des Intrigenspiels bei Hofe einzulassen.[23] Sowohl im Buch als auch in der TV-Serie äußert Cersei Lannister gegenüber ihrem Widersacher Ned Stark, dass dieses Spiel entweder mit dem Sieg oder mit dem Tod endet: „When you play the Game of Thrones, you win or you die. There is no middle ground."[24] Die Möglichkeit zu gewinnen, hat der Spieler von *Game of Thrones: A Telltale Game Series* aber in keinem Fall. Wie bereits im ersten Punkt der Arbeit erwähnt, endet das Spiel stets als fatales Untergangsszenario für die Figuren, die der Spielende steuern konnte, ungeachtet dessen, welche Entscheidungen man getroffen hat. Das Spiel gibt einem dennoch mehrfach das Gefühl, selbst für das Scheitern der Protagonisten verantwortlich zu sein, etwa wenn der verfeindete Lord Whitehill nach der Ermordung des jungen Lord Ethan durch Ramsay Bolton unheilvoll verkündet: „You brought this on yourself[25]". Hier setzt das Spiel wiederum darauf, dass der Spieler seine Einflussmöglichkeiten für tatsächlich so groß erachtet, dass er sich für den Tod der Spielfigur verantwortlich fühlt. Ganz gleich wie er sich entschieden hat, der Spieler soll das Gefühl empfinden, falsch entschieden zu haben.

Tatsächlich ist im Falle von *GOT* aber nicht von richtigen und falschen, guten und schlechten Entscheidungen zu sprechen, sondern vielmehr von falschen und falschen,

---

[23] Vgl. Martin: A Song of Ice And Fire. A Game of Thrones, New York 1996.
[24] HBO: Game of Thrones. You Win or You Die (Season 1; Episode 7), 2011.
[25] GOT, Episode 1.

schlechten und schlechten Entscheidungen. Wenn man etwa als Mira Forrester zwischen mehreren Figuren entscheiden muss, mit denen man in King's Landing paktieren kann, endet es doch in jedem Fall in dem Resultat, dass diejenigen, die man mit ihrer Entscheidung erzürnt hat, dafür sorgen, dass Mira am Ende von Episode 6 im Kerker landet, was diejenigen, mit denen man paktiert hat, nicht verhindern können.

Im Spieler kann dadurch ein Gefühl von letztlicher Machtlosigkeit entstehen, was auf den ersten Blick diametral entgegengesetzt zum Motiv der Entscheidungsfreiheit wirkt, sich aber keinesfalls mit dem Gefühl der Machtlosigkeit widerspricht, das die Protagonisten in Martins *Lied von Eis und Feuer* wohl mehrfach verspüren müssen - etwa wenn es der verloren gegangenen Arya Stark unter größten Anstrengungen endlich gelingt, zurück zu ihrer Mutter und ihrem Bruder zu gelangen, nur um festzustellen, dass die beiden Momente zuvor ermordet wurden.[26] Man kann sogar von einer gezielten Traumatisierung des Spielers sprechen, der genau wie Eddard Stark schmerzhaft am eigenen Leib erfahren muss, dass der pure Wunsch, das Richtige tun zu wollen und vermeintlich edle Motive nicht ausreichen, um ein zufriedenstellendes Resultat zu erzielen. Eine Kritik an der Machtlosigkeit des Spielers in GOT greift also zu kurz, wenn sie vergisst, dass diese eher dem Geiste der Vorlage entspricht als eine größtmögliche Gestaltungsfreiheit, durch die der Spieler den Plot genau in die Richtung lenken könnte, die ihm zusagt. Einfache Entscheidungs-situationen würden dem Stil der Vorlage aber widersprechen, denn auch die Buchvorlage rückt vor allem Entscheidungen von Figuren in Machtpositionen in den Fokus, die für diese oft schwierig zu treffen sind, wie George R.R. Martin in einem Interview mit *Das Erste* am Beispiel von Daenerys Targaryen aufzeigt, die eine von ihr eroberte Stadt zu regieren versucht: „Da gilt es eine Reihe sehr schwerer Entscheidungen zu fällen und egal was man macht, die Leute werden einen hassen."[27]

Julian Reidy steht Entscheidungen in Computerspielen, die „mit zu schwerem dramatischem Ballast"[28] beladen sind, kritisch gegenüber, da sie den „Rezeptionsakt schmerzhaft, ja nahezu traumatisch werden lassen können". Und tatsächlich mag dies dazu beigetragen haben, dass GOT einige Spieler in einem Gefühl der Frustration zurückgelassen hat, wie den User Dervish des Spieleportals *Steam*, der das Spiel nicht

---

[26] Vgl. Martin: ASOIAF. A Storm of Swords, New York 2000.
[27] ARD: George R.R. Martin: Das Lied von Eis und Feuer / DRUCKFRISCH / DAS ERSTE. 2012. <https://www.youtube.com/watch?v=oLKr3RaJXuM> [13.09.2017]
[28] Reidy, Julian, S. 286.

weiterempfiehlt, es sei denn man genieße es zu verlieren: „Only buy if you enjoy losing, being beaten by the bad guys and don't want any closure for the story you just played."[29] Diese Kritik trifft den Nagel auf den Kopf, denn tatsächlich findet nicht jeder Rezipient einen Reiz in einer Geschichte, die auf ein klassisches „Happy-End" verzichtet und die Protagonisten stattdessen einem nicht enden wollenden Leid aussetzt. Das damit einhergehende Frustrationspotential kann durch das Medium Computerspiel noch verstärkt werden, denn hier wird eine stärkere Involvierung und Identifizierung des Rezipienten mit den Figuren ermöglicht, und durch das Stilmittel der vermeintlich freien Entscheidung wird der Spieler gar für diverse negative Konsequenzen in die Verantwortung genommen. Doch genau wie die Buch- und TV-Vorlage gerade auch aufgrund des erfrischend schonungslosen Realismus zum Welterfolg wurde, ruft auch *GOT* trotz oder vielleicht gerade wegen der für den Spieler beinahe quälenden Entscheidungssituationen keinesfalls nur negative Reaktionen hervor, sondern wird beispielsweise von 78% der *Steam* Nutzer als positiv bewertet[30].

Insgesamt mag die fehlende Macht des Spielers, der Handlung durch eigene Entscheidungen eine positive Wendung zu geben, auf Manche frustrierend oder sogar traumatisierend wirken, gleichzeitig ist jedoch genau das „typisch ASOIAF"[31], wie Franziska Ascher es knapp auf den Punkt bringt.

---

[29] <http://store.steampowered.com/app/330840/Game_of_Thrones__A_Telltale_Games_Series/> [13.09.2017]
[30] Vgl. Ebenda
[31] Ascher: Der Drache hat drei Köpfe, S. 350.

4. Zusammenfassung

Die in der Einleitung bereits erwähnte Kritik des *Gamestar*-Redakteurs Jochen Redinger, *GOT* gaukle Entscheidungsfreiheit nur vor und man habe letztlich fast nichts zu entscheiden, greift zu kurz. Zwar kann der Spieler tatsächlich keinen Einfluss darauf nehmen, dass bestimmte Handlungsstränge linear verlaufen und trotz verschiedener zugrundeliegender Entscheidungen letztlich einen fast identischen Ausgang nehmen, doch der Spieler kann mit seinen Entscheidungen durchaus darauf einwirken, in welchem Dialogkontext, in welcher Figurenkonstellation und unter welchen Prämissen ein von den Entwicklern vorgeschriebener Fixpunkt der Handlung in Gang gesetzt wird. Solche festgeschriebenen Knotenpunkte der Handlung sind im Computerspiel unvermeidbar, da der Entwicklungsaufwand sich analog zur Anzahl der alternativen Handlungsstränge potenziert. Dem Spieler Entscheidungsfreiheit zu gewähren, ist folglich stets in Wirklichkeit ein Kompromiss, ihm so viel Gestaltungsmöglichkeiten zu gewähren wie es die Zeit und die ökonomischen Ressourcen des Entwicklerstudios zulassen.

Von vollkommen fingierter[32] Entscheidungsfreiheit ist im Falle von GOT nicht zu sprechen, allerdings nutzt das Spiel durchaus verschiedene Methoden, um dem Spieler das Gefühl zu vermitteln, seine Entscheidungen hätten größeren Einfluss auf die Handlung als dies tatsächlich der Fall ist. Dies kann der Spieler aber zumeist nur erkennen, wenn er *GOT* analytisch und „im heiligen Ernst des Spiels"[33] entgegentritt.

Ein Gefühl von Frustration kann sich beim Rezipienten indes dadurch einstellen, dass jede getroffene Entscheidung letztlich auf das gleiche unbefriedigende Resultat hinausläuft, dass man das „Spiel der Throne" nicht gewinnen kann und die Spielfiguren in jedem Fall zu einem unausweichlichen Scheitern verurteilt sind. Wenn sich der Spieler als Entscheidungsträger für dieses Scheitern verantwortlich fühlt, kann *GOT* zu einem beinahe traumatisierenden Spielerlebnis werden. Die Machtlosigkeit des Spielers, die Katastrophe zu verhindern, ist aber nicht als fehlende Entscheidungs-freiheit zu kritisieren, sondern als von den Entwicklern intendiertes Motiv hervorzu-heben. Denn durch dieses Motiv wird das Computerspiel dem fatalistischen Erzählstil der Vorlage gerecht, die ebenfalls dafür bekannt ist, dass ihre Protagonisten trotz

---

[32] Vgl. Martinez, Matias/Scheffel, Michael: Einführung in die Erzähltheorie, München 1999, S.13.
[33] Unterhuber, S. 26.

bester Absichten aufgrund getroffener Entscheidungen in Situationen geraten, in denen sie machtlos ihrem Leid entgegensteuern.

Verwendete Texte und Medien

Spiele
Telltale Games: The Walking Dead. A Telltale Game Series, 2012.

Telltale Games: Game of Thrones. A Telltale Game Series, 2014-2015.

TV-Serien
HBO: Game of Thrones, seit 2011.

Literatur
Backe, Hans-Joachim: Strukturen und Funktionen des Erzählens im Computerspiel. Eine typologische Einführung, Würzburg 2008.

Martin, George R.R.: A Song of Ice and Fire. Includes A Game of Thrones (1996), A Clash of Kings (1999), A Storm of Swords (2000), A Feast for Crows (2005), A Dance with Dragons (2011), New York 2012.

Martinez, Matias/Scheffel, Michael: Einführung in die Erzähltheorie, München 1999.

May, Markus/Baumann, Michael/Baumgartner, Robert/Eder, Tobias (Hrsg.): Die Welt von „Game of Thrones". Kulturwissenschaftliche Perspektiven auf George R.R. Martins „A Song of Ice and Fire", Bielefeld 2016.

Redaktion PAIDIA (Hrsg.): „I'll remember this". Funktion, Inszenierung und Wandel von Entscheidung im Computerspiel, Glückstadt 2016.

Steam
<http://store.steampowered.com/app/330840/Game_of_Thrones__A_Telltale_Game s_Series/> [13.09.2017]

Videos
ARD: George R.R. Martin: Das Lied von Eis und Feuer / DRUCKFRISCH / DAS ERSTE, 2012.
<https://www.youtube.com/watch?v=oLKr3RaJXuM> [13.09.2017]